Merlin the Bard

Borgo Press Books by MICHEL GALIANA
(Translated by Christian Souchon)

The Dream in the Orchard = Le Songe du verger
Milestones: Milliares, 1978-1989
Mythologies: Fighting Hercules; The Triumph of Hermes = Hercule combattant and *La triomphe d'Hermès*
Voyages: Maturity and Later Works = Oeuvres de la maturité

Borgo Press Books by Christian Souchon

Merlin the Bard: A Ballad from Brittany, collected by Théodore de La Villemarqué

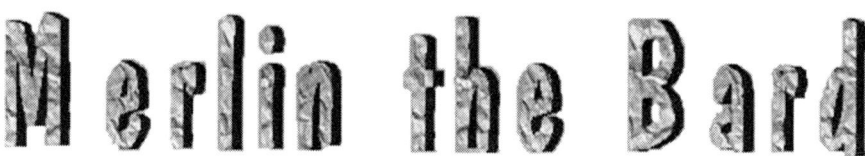

A Ballad from Brittany in four languages

Translated from the Breton of Théodore de La Villemarqué's "Barzaz Breiz"
by Christian Souchon

With an introduction by Lois Wickstrom

THE BORGO PRESS

An Imprint of Wildside Press LLC

MMX

Copyright © 2004, 2010 by Christian Souchon
Introduction Copyright © 2010 by Lois Wickstrom

All rights reserved.
No part of this book may be reproduced in any form
without the expressed written consent
of the author and publisher.

www.wildsidebooks.com

First Edition

CONTENTS – TABLE DES MATIERES – INHALT – TAOLENN

Merlin the Bard (English), by Lois Wickstrom 9
Merlin the Bard (French)
Merlin the Bard (German)
Merlin the Bard (Breton)

I. Ar Fest 21
I. The Fair
I. La Fête
I. Das Fest

II. Das Pferderennen 29
II. Ar redadeg
II. The Riding Contest
II. Le tournoi

III. The Harp 49
III. La harpe
III. Die Harfe
III. An Delenn

IV. Ar Walenn 55
IV. The Ring
IV. L'anneau
IV. Der Ring

V. Die letzte Probe 69
V. Ar Goulenn Diwezhañ
V. The Last Demand
V. L'ultime demande

VI. Merlins Raub 77
VI. Pakadeg Varzhin
VI. Merlin's Capture
VI. La capture de Merlin

VII. Der Herold 93
VII. An Embanner
VII. The Town Crier
VII. Le crieur de ville

VIII. La noce 107
VIII. Die Hochzeit
VIII. An Eured
VIII. The Wedding

IX. Merlin's Disappearance 121
IX. La disparition de Merlin
IX. Merlins Verschwinden
IX. Marzhin zo Kollet

Illustrations: Ms. "The Tell of the Grail" by Chrétien de Troyes and "The Very Rich Hours of the Duke of Berry"

Merlin the Bard

MERLIN THE BARD
in English

Introduction by Lois Wickstrom

It was long, long ago, at the westernmost extremity of Europe, in Brittany. King Budik ruled the land, and commanded the knights who defended the people.

But the people did not love him, and did not come to him for advice. They did not ask his blessing on their weddings or their babies. They gave their love to Merlin, the magician, who was also a lyrical poet, a "bard".

Merlin was very popular among people because he could sing marvelous songs while he played his golden harp, and he knew how to work wonders with his magic ring, and he could tell the future for the good of his country. Wherever he went, people greeted him with joyful cheers "hurrah!" and with trays of food and a soft place to sleep.

King Budik was jealous. He thought and thought—how could he get the people to love him?

And then one day, he thought he had the answer: get rid of Merlin.

No easy task, since Merlin was a magician! Before he could get rid of him, King Budik would first need to take away Merlin's magic ring and his golden harp. Only then would he be able to put Merlin in prison, or send him away.

He couldn't do it by himself, even though he was the king. Magicians have powers that kings do not. The king needed help!

He knew that he could not announce his intentions. If Merlin knew about the plan, he would use his magic to save himself. So, he decided to be sneaky.

He would hold a great contest to find a young man who was strong enough to defeat Merlin.

He would win this young man's love by giving him a present that only a king can give: a land to rule. And when he was sure the young man loved him, he would spring his trap and tell him that Merlin was his enemy and he would have to get rid of him, since the people of the land loved Merlin, instead of their ruler.

This strong young man would have to destroy Merlin's power, before he could truly rule the province promised to him.

The Fair brought young people from miles around. All the best young people entered contests to show off their skills.

Whoever stole Merlin's harp and ring would need to get away quickly!

Therefore King Budik decided to have a horse riding contest: He set his plan in motion.

Whoever won the contest would be ruler of the Province of Leon. And the winner would marry the Princess Eleanor, called Linor in the language of Brittany.

A young magician, whose grandmother was also a magician, wanted to be a ruler and he wanted a wife. He was also a skilled horse rider. He heard about the contest and begged his grandmother to let him enter.

This ballad tells the story of King Budik, Merlin, this young man, and his grandmother.

π

MERLIN THE BARD
in FRENCH

Introduction par Lois Wickstrom

Cela se passait il y a bien longtemps en Bretagne.

Le roi Budik régnait sur le pays et commandait les chevaliers qui défendaient le peuple.

Mais le peuple ne l'aimait guère, ne lui demandait point conseil, ni ne sollicitait sa bénédiction lors des mariages ou des baptêmes.

Il lui préférait Merlin, le Magicien, qui était aussi un poète, un «barde».

Si Merlin était aussi populaire, c'est qu'il savait interpréter des chants merveilleux en s'accompagnant sur sa harpe d'or. Et qu'il avait un anneau magique grâce auquel il pouvait prédire l'avenir, évitant ainsi plus d'un malheur à son pays.

Partout où il allait, on l'accueillait avec des cris de joie : «you, ou, you, ou !» et on lui offrait le gîte et le couvert.

Le roi Budik était jaloux et cherchait un moyen de regagner l'affection de son peuple. Un beau jour, il pensa l'avoir trouvé : se débarrasser de Merlin.

Pas si facile! Merlin était magicien. Il fallait d'abord mettre la main sur son anneau magique et sa harpe d'or. On pourrait ensuite s'emparer de sa personne ou le bannir.

Mais tout roi qu'il était, il ne pouvait agir seul: les magiciens ont des pouvoirs qui font défaut aux rois. Le Roi avait besoin d'aide!

Il ne pouvait proclamer ouvertement ses intentions, car Merlin, grâce à sa magie, se serait prémuni contre ses entreprises. Il décida donc d'employer la ruse.

Il organiserait un grand concours pour sélectionner un jeune homme de taille à terrasser Merlin. Il l'appâterait en lui faisant des présents dignes d'un roi : il lui céderait une de ses provinces et lui désignerait Merlin comme un ennemi qu'il devrait arracher à l'affection de ses futurs sujets. Ce champion devrait donc réduire Merlin à l'impuissance avant de prétendre gouverner la province qui lui était promise.

La fête attirait tous les jeunes gens à des lieues à la ronde. Les meilleurs voulaient faire étalage de leur force et de leur agilité. Exactement ce qu'il fallait pour dérober la harpe et l'anneau de Merlin!

C'est pourquoi Budik décida d'une épreuve d'équitation: son plan était en marche. Quiconque remporterait l'épreuve serait maître de la province du Léon et épouserait sa fille, la princesse Aliénor.

Il y avait là un jeune magicien, dont la grand'mère était aussi magicienne, et qui ambitionnait à la fois de se marier et de devenir prince. C'était un cavalier hors pair. Dès qu'il eut vent du concours, il demanda à sa grand'mère d'y participer.

Cette ballade raconte l'histoire du roi Budik, de Merlin, du jeune champion et de sa grand'mère….

π

MERLIN THE BARD
in GERMAN

Vorwort von Lois Wickstrom

Es war lange, lange her, am äußersten West-Ende Europas, in der Bretagne.

König Budik herrschte über das Land, und befehligte die Ritter, die wiederum das Volk schützten.

Das Volk aber liebte ihn nicht und zog ihn niemals zu Rate. Nie bat es ihn, eine Heirat oder eine Taufe zu segnen. Seine Liebe galt Merlin, dem Zauberer, der auch ein Sänger und Dichter war: ein „Barde".

Merlin war sehr beliebt unter den Leuten, weil er es verstand, wunderbare Lieder zu seiner goldenen Harfe zu singen und Wunder zu tätigen mit seinem goldenen Zauberring. Und er konnte für das Wohlergehen seines Heimatlandes weissagen.

Wo immer er erschien, wurde er mit Jubelrufen empfangen und man bot ihm Schalen voller Nahrung und bequeme Nachtunterkunft an.

König Budik war eifersüchtig. Er dachte und dachte – wie konnte er sich nur beim Volk beliebt machen? Und plötzlich ging ihm ein Licht auf: er musste Merlin beseitigen!

Es hatte einen Haken: Merlin war ein Zauberer! Bevor er ihn festnehmen konnte, musste König Budik zuerst Merlins Zauberring und goldene Harfe entwenden. Erst dann wäre er in der Lage, Merlin einzusperren oder zu verbannen.

Obwohl er der König war, konnte er das nicht alleine schaffen. Zauberern stehen Mächte zur Verfügung, die den Königen vorenthalten sind. Deshalb brauchte er Hilfe.

Seine Absichten musste er aber verschleiern, denn, wenn Merlin sie erraten hätte, würde er seine Zauberkunst gebrauchen und sich retten. Man musste also listig vorgehen.

Er würde ein großes Turnier verkünden, um den jungen Mann auszuwählen, der die Kraft hatte, Merlin zu überwinden. Er würde ihn mit einem Geschenk bestechen, wie nur Könige geben können: die Herrschaft über eine Provinz.

Und wenn er der Zuneigung des jungen Mannes sicher wäre, würde er seine Schlinge legen: er würde ihm erklären, Merlin sei ein Gegner, den es gelte, aus dem Wege zu schaffen, weil das Volk ihn liebte, statt des Herrschers der Provinz.

Deshalb müsste dieser starke Jüngling Merlins Kraft zerschlagen, ehe er das ihm versprochene Land wirklich regieren könnte.

Das Fest brachte junge Männer meilenweit zusammen, die eifrig waren, in einem Wettbewerb ihre Kraft und Fertigkeit zur Schau zu stellen.

Wer Merlins Harfe und Ring entwenden würde, müsste schnell entfliehen!

Deshalb beschloss König Budik zur Ausführung seines Plans ein Pferderennen zu veranstalten.

Dem Sieger war die Herrschaft über den Gau Leon sowie die Hand der Prinzessin Eleonore–oder Linor, in der bretonischen Sprache-zugesprochen.

Einen jungen Zauberer, dessen Großmutter auch eine Zauberin war, gelüstete es, Herrscher zu werden und eine Ehefrau zu bekommen. Dazu war er ein hervorragender Reiter.

Sobald er von diesem Rennen hörte, bat er seine Großmutter um die Erlaubnis, daran teilzunehmen.

Diese Ballade erzählt von König Budik, diesem Jüngling und dessen Großmutter.

π

MERLIN THE BARD
in BRETON

Rakskrid gant Lois Wickstrom

Gwechalll-gozh e penn kornog an Europa, e Breizh Izel, e oa ur roue ha Boudik e anv.

Mestr ar vro a oa ha mestr ar marc'heien a divenne an dud.

Hogen an dud ne gare ket anezañ; biskoazh n'ee dezañ evit ali na glaske digantañ bennozh Doue gant o euredoù pe o bugaligoù nevez-ganet. An divinour Marzhin a oa an hini a gare hag eñ a oa ur gwerzaouer, ur barzh.

Enoret braz a oa Marzhin gant an dud abalamour d'ar gwerzioù souezhus a ouie kana ouzh e delenn aour. Gouzoud a ree penaos ober traou burzhuduz gant e vizoù hud ha diouganiñ evit mad e vro..

E pep lec'h ez ee, e veze degemeret mad hag e ve klevet an holl o youc'hal. An dud a roe dezhañ boued saourek da zebriñ hag ur wele flour da gousked ennañ.

Nec'het a oa ar Roue Boudik. Prederiañ a ree noz ha deiz: Penaos e deufe da veza karet gant ar bobl? Hag un deiz, war e veno, e oa ar respont kavet: en em zizober euz-a Varzhin!

Ne oa ket ês avad, rag un divinour a oa Marzhin! Ken evit ma c'helle e tapoud, red a oa d'ar Roue Boudik laerezh e vizoù hud hag e delenn aour a oa gantañ. Galloud a refe neuze e lakaat en toull-bac'h pe forbannañ pell diouzh e vro.

Hag ur roue ne oa ket gouest d'ober kement-se e-unan. Divinourien zo galloudezhioù ganto a vank d'ar roueed. Red a oa d'ar Roue kavout skoazell ha sikour!

N'e-noa ket c'hoant avad da ziskouez sklaer petra oa en e sonj. Ma glevfe Marzhin euz e mennozh, en em saveteiñ a refe gant e skiant hud. Setu perag e lakas en e benn da widreal:

Lakaat ur redadeg vraz evit kavout un den yaouank gouest da drec'hiñ Marzhin.

Touellañ a refe hemañ gant un donezon ur roue hepken a c'hell ober: ur vro da veza tiern warni. Ha pa vefe sur da voud karet gant an den yaouank-se, lakaat a rafe e c'hriped ha lared dezhañ:

«Marzhin a zo da enebour ha te fell dit e pellaat da viken, rag ema Marzhin an hini an dud a gar, e-lec'h o ziern. Peotramant biken ne ri gouarniñ evit gwir ar vro am-eus prometet dit!».

Ar fest a zache an holl dud yaouank deus levioù tro-war-dro. Ar wellañ anezho a genstrive evit diskouez o nerzh hag ampartiz.

Neb a vefe gouest da flipañ telenn ha gwalenn Varzhin, a vefe red dezhañ tec'hel kuit prest-prest goude.

Merlin the Bard, trans. by Christian Souchon

Setu perag ar Roue Boudik a lakas ur redadeg evit ar varc'herien. E ijin a oa o vont en-dro. Trec'her ar redadeg a deufe da veza tiern Bro Leon ha merc'h ar Roue, Linor, e-nefe da bried.

Un divinour yaouank, e mamm-gozh a oa un divinourez ivez, e-noa c'hoant da veza un tiern hag un tiern dimezet. Ur marc'her ampart a oa ouzhpenn. Pa glevas eus ar redadeg, ouzh e vamm-gozh e c'houlennas da vont eno.

Ar gwerz-mañ zo savet war-benn ar Roue Boudik, Marzhin, an den yaouank hag e vamm-gozh....

π

I Ar Fest

I The Fair

I La Fête

I Das Fest

- Va mamm-gozh paour, va selaouit!
Dar fest em-eus c'hoant da voned!,

D'ar fest, d'ar redadeg nevez
A zo laket gant ar Roué! -

*- Dear grandmother, I let you know
That to the fair I want to go!*

*The fair, where will a new horse race
By order of the King take place! -*

- Ma chère grand'mère, écoutez,
A la fête pourrai-je aller?

A la fête, au nouveau tournoi
Qui sera donné par le Roi?

- Hör mich, mein lieb Großmütterlein
Beim Feste möchte ich gerne sein!,

Und beim neuen Pferderennen,
Das der König wird anordnen -

Merlin the Bard, trans. by Christian Souchon * 23

- Forget about this riding test!
I'm advising you for the best.

You shall not go to the new ride,
Because all through the night you cried.

-A ce tournoi vous n'irez pas
Ni à aucun autre gala.

Vous n'irez pas, car vous avez
Pleuré toute la nuit passée.

-Kind, zu gar keinem Fest du gehst,
Sei's dieses, sei's ein andres Fest.

Geh nicht dem neuen Feste zu,
Denn in dieser Nacht weintest du.

- D'ar redadeg ned eoc'h ket!
D'ar fest-mañ na da fest ebed.

Ned eoc'h ket d'ar fest nevez,
Gouelañ 'peus graet 'hed an noz-mañ.

You shan't go, if I'm to decide,
For, while you were dreaming, you cried. -

- Dear mother, if for me you care,
You will allow me to go there!

S'il tient à moi, point vous n'irez:
En rêvant vous avez pleuré.

-Chère mère, si vous m'aimez,
Vous me laisserez y aller.

Du bleibst, gibst meinem Wunsch du Raum,
Denn du weintest heut nacht im Traum. -

- Lieb' Mutter, wenn ich dir lieb bin,
O lass mich doch zum Feste hin!

Ned eoc'h ket mar dalc'h ganin,
Gouelañ 'peus graet en hoc'h huñvre. -

- Va mammig paour, mar am c'harit,
D'ar fest em lezoc'h da voned!

Merlin the Bard, trans. by Christian Souchon * 25

-Vous vous y rendrez en chantant
Mais vous reviendrez en pleurant!

*-Du singst wohl, fährst du aus zum Fest,
Weinst aber, wenn nach Haus du kehrst!*

- O vond d'ar fest, c'hwi a gano,
O tont en-dro c'hwi a ouelo! –

*-You may sing when you go thither,
But cry on returning hither! –*

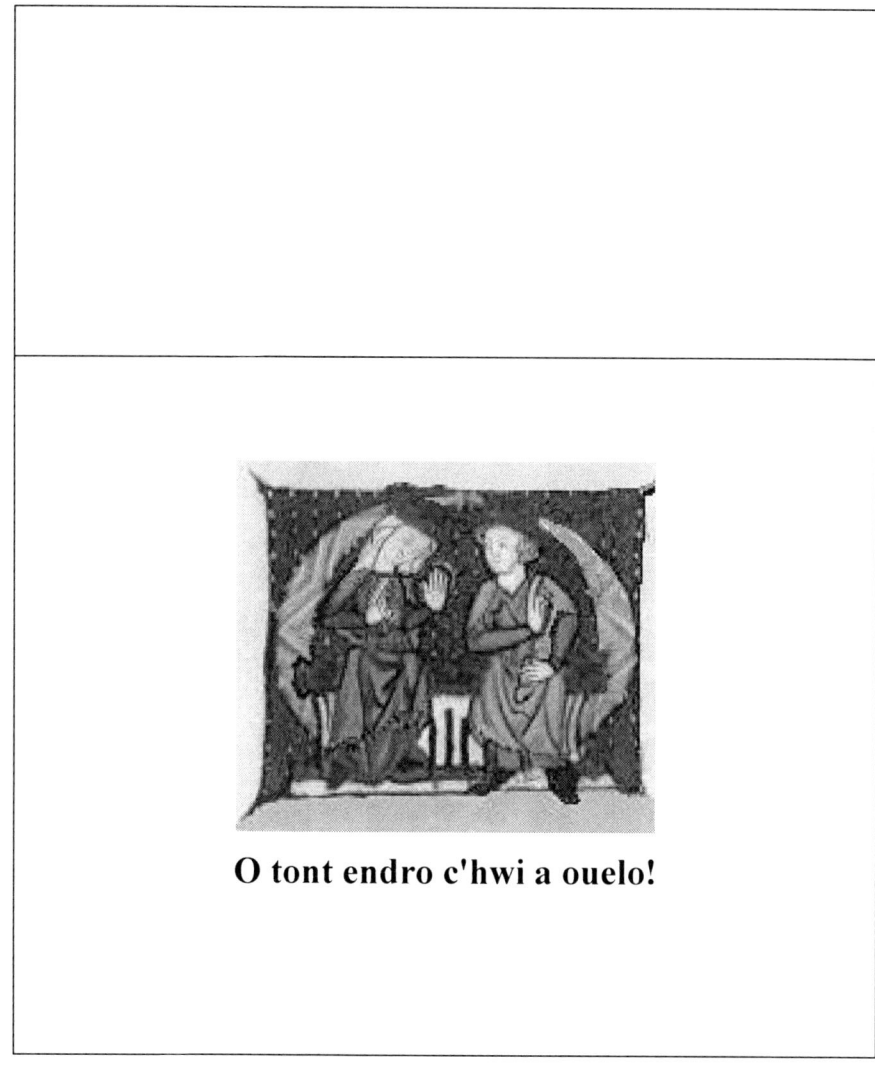

O tont endro c'hwi a ouelo!

II Das Pferderennen

II Ar redadeg

II The Riding Contest

II Le tournoi

Sein rot Fohlen striegelt' er schnell,
Beschlug es mit Stahl blank und hell.

Er hat ihm den Zaum aufgelegt,
Mit leichter Deck' hat er's bedeckt.

E ebeul ruz e-neus sterniet
Gant direnn flamm 'neus e houarnet.

Ur c'habestr 'neus laket 'n e benn,
Hag un dorchenn skañv war e gein.

Now he harnessed his red haired foal
Which with bright sparkling steel he shoed.

He bound a bridle on its head,
On its back a light cloth he spread.

Il a harnaché son poulain
Roux et l'a ferré d'acier fin,

Fixé la bride à son museau,
L'a couvert d'un léger manteau,

E kerc'henn e c'houg ur walenn
Hag en-dro d'e lost ur seizenn.

Ha war e c'horre 'ma pignet
Hag er fest nevez 'ma digouet!

Onto its neck he bound a ring
And around its tail, a silk string.

And presently he was astride
And off he went to the new ride!

Et mis à son cou un anneau,
Autour de sa queue un bandeau.

Puis il a enfourché sa bête
Et il s'est rendu à la fête

Schlang ihm um den Hals einen Reif
Und hing ein Band an seinen Schweif.

Auf's rote Ross rasch er sich schwingt
Das ihn alsbald zum Feste bringt!

Merlin the Bard, trans. by Christian Souchon

**And when to the lists he was shown,
A blast on the bugles was blown,**

**And all the people were cheering,
While all the horses were bounding.**

Quand il arrive sur la lice,
Voilà que les cors retentissent,

Que tout le monde fait silence,
Les chevaux piaffant d'impatience

*Als er kam auf des Festes Plan,
Der Hörner lauter Schall begann.*

*Die Menge drängte sich zu Hauf,
Hoch bäumten sich die Pferde auf.*

**Er park ar fest pa oa digouet,
Oa ar c'hern-bual o soned,**

**Hag an holl dud en ur bagad,
Hag an holl virc'hed o lampad.**

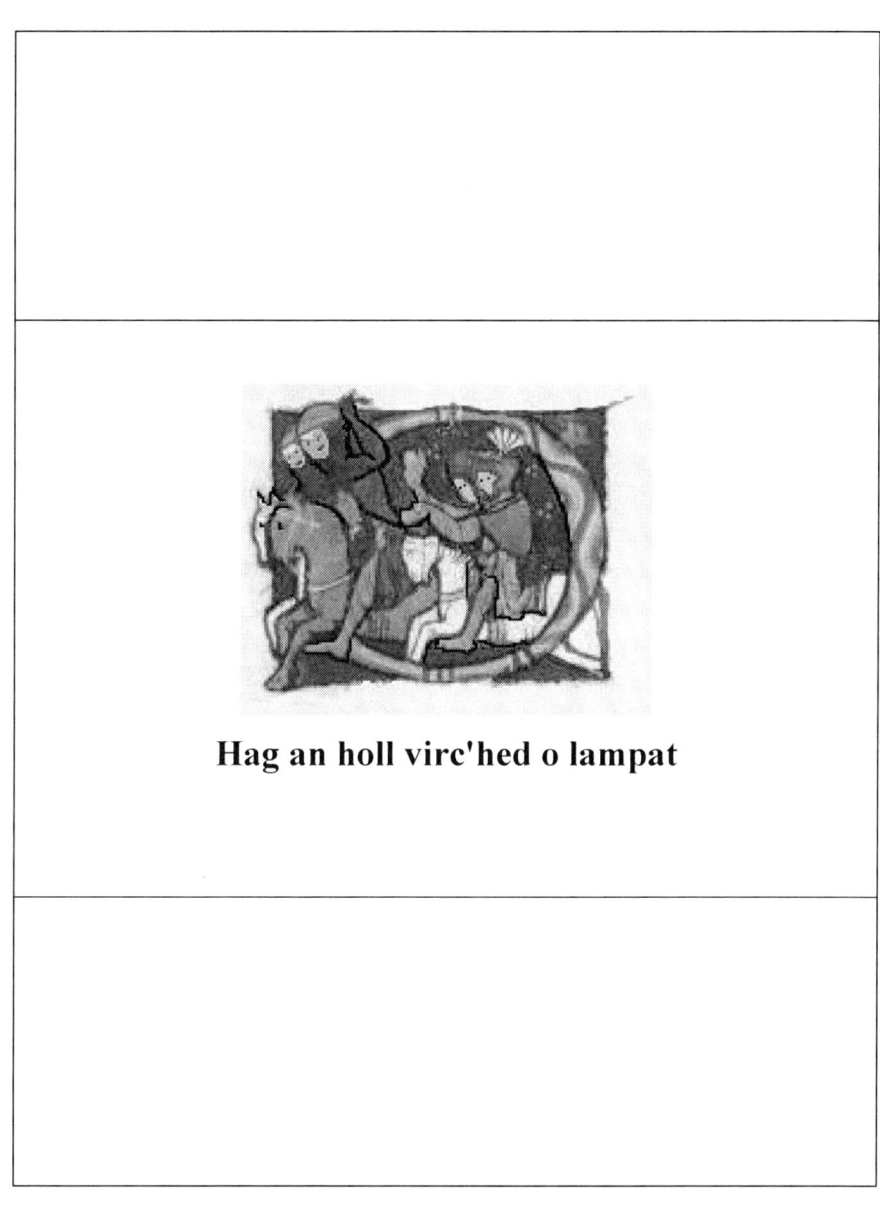

Hag an holl virc'hed o lampat

- Celui qui franchira l'enclos
Du terrain de fête au galop,

D'un seul bond, vif, parfait et droit,
Deviendra **le gendre du Roi**!-

*"Wem' s in einem Rennen gelingt
Dass er die Schranken überspringt,*

*In leichtem, freiem Schwung zumal,
Wird **der Königstochter Gemahl**!"*

"An hini e-nevo treuzet
Kleuz bras park ar fest en ur red,

En ul lamm klok, distag ha nêt,
Merc'h ar Roue 'nevo da bried!"

*"Whoever is able to bound
O'er the tall fence of the fair ground,*

*Briskly, straight, neatly, without dread,
The daughter of the King shall wed!"*

Son poulain rouge, oyant cela,
Hennit soudain avec fracas;

Bondit et se met en fureur,
Ses naseaux soufflant la vapeur.

*Es wiehert als dies Wort erscholl:
Das rote Fohlen laut und voll;*

*Es stampft und es schlägt mächtig aus,
Glut sprüht ihm aus der Nas' heraus.*

E ebeulig ruz pa glevas:
A-bouez e benn a gristilhas;

Lammed a reas ha konnariñ,
Ha teurel c'hwezh-tan gant e fri.

*The foal hears what the herald says:
At the top of its voice it neighs;*

*It springs and bounds like ten devils,
And fire blazes through its nostrils.*

Merlin the Bard, trans. by Christian Souchon * 35

*Sein Aug' glänzt wie der Blitz so hell,
Die Erde trifft sein Huf so schnell...*

*Übereilt war die ganze Schar,
Und die Schrank' übersprungen gar!*

**Ha luc'hed gant e zaoulagad,
Ha darc'h en douar gant e droad...**

**Kén e oa ar re all trec'het,
Hag ar c'hleuz treuzet en ur red!**

***With anger flashing in its eyes,
It pawed onto the ground likewise...***

***He soon passed all other champions,
And jumped o'er the fence in a bounce!***

Ses deux yeux jettent des éclairs,
Et il frappe du pied la terre,

Dépasse les autres champions,
Et franchit l'enclos d'un seul bond!

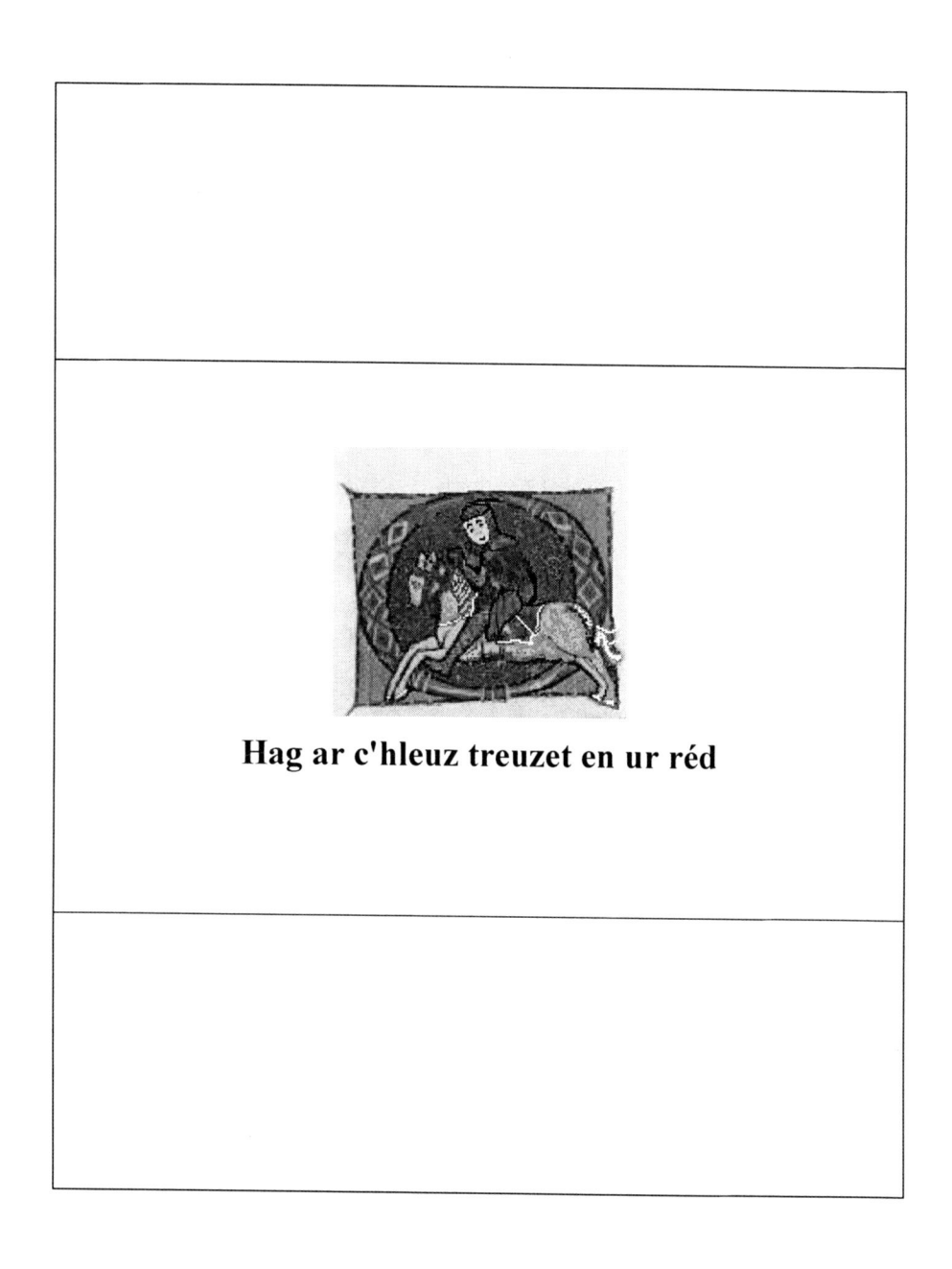

Hag ar c'hleuz treuzet en ur réd

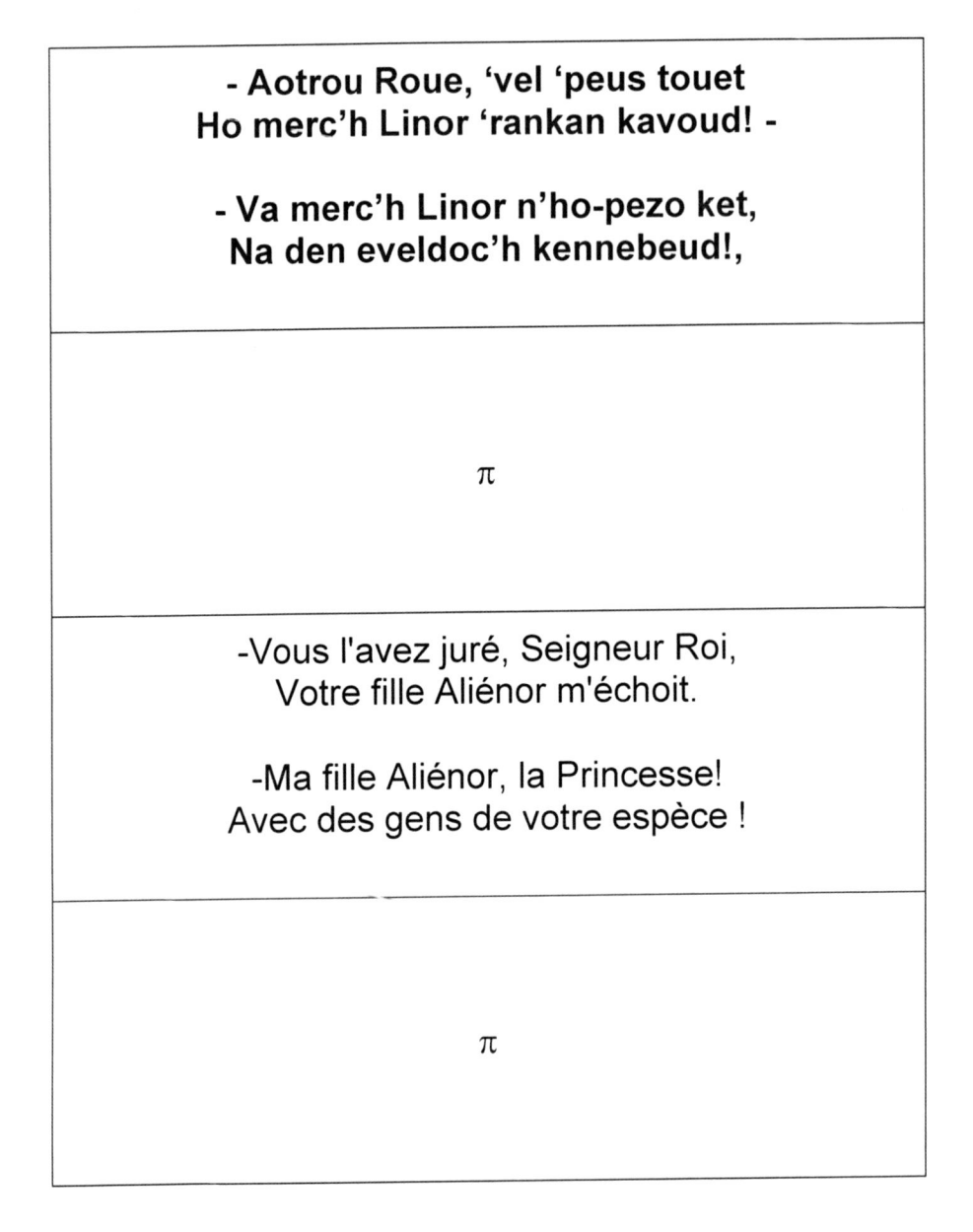

- Aotrou Roue, 'vel 'peus touet
Ho merc'h Linor 'rankan kavoud! -

- Va merc'h Linor n'ho-pezo ket,
Na den eveldoc'h kennebeud!,

π

-Vous l'avez juré, Seigneur Roi,
Votre fille Aliénor m'échoit.

-Ma fille Aliénor, la Princesse!
Avec des gens de votre espèce !

π

π

**- My Lord and King, you can't decline,
Your daughter Linor shall be mine! -**

**- Linor! Are you out of your mind
She's not for you nor for your kind!,**

π

*- Herr König, wie es dein Mund schwor,
Mein ist deine Tochter Linor! -*

*- Linor, mein Kind, ist nicht für dich
Noch für keinen, der je dir glich!,*

N'eo ket kelc'herien a fell din!

*A sorcerer **does not, I think,**
Match with the daughter of a king! -*

Un sorcier n'est point, je le crois,
Ce qu'il faut pour gendre à un roi.

*Ein Zauberer nach meiner Wahl,
Wird nie meiner Tochter Gemahl!* -

N'eo ket kelc'hierien **a fell din,**
Da reiñ da bried d'am merc'h-me! -

Merlin the Bard, trans. by Christian Souchon * 41

Se tenait là un **patriarche**,
Qui portait longue barbe blanche,

Une barbe blanche au menton
Comme la laine sur l'ajonc.

---

*Ein **greiser Mann** beim König war,
Mit weißem Bart und weißem Haar,*

*Weiß wie Wolle, die hangen bleibt
Am Strauch, wenn man die Herde treibt.*

**Un ozhac'h kozh a oa eno,
Ha gantañ ur pikol barv,**

**Ur barv en e chik gwenn-kann
Gwennoc'h eged gloan war al lann.**

***But now a patriarch appeared,
And he wore an immense long beard,***

***A very long, white beard he wore
Like a bunch of wool on the moor.***

Revêtu d'un long vêtement
De laine galonné d'argent.

Assis à la droite du Roi,
Il se pencha, parlant tout bas.

Es trug der Mann ein wollnes Kleid
Verbrämt mit Silber, lang und weit.

Rechts des Königs der Greise saß,
Sprach ihm in die Ohren etwas.

Hag eñ gwisket gant ur sae c'hloan
Bordet penn-da-benn gant arc'hant.

Hag eñ en tu dehoù d'ar Roué,
Outañ a c'hougomze neuze.

He was clad in a woollen gown
Fringed with silver all the way down.

He sat to the right of the King,
Bent and whispered to him something.

Merlin the Bard, trans. by Christian Souchon * 43

Der König hörte seinen Rat,
Dreimal schlug mit dem Zepterstab.

Den Tisch er mit dem Zepter schlug,
Und es ward umher still genug.

Ar Roué p'e-neus eñ glevet
Dre deir gwech gant e vazh 'neus skoet.

Teir gwech gant e vazh war an daol,
Ken e lakas selaou an holl.

The King listened to him and hit
Three times on the board with his stick.

Three times with his stick on the board,
And all kept silent in the fort.

Le Roi, quand il l'eut écouté,
Trois coups de son sceptre a frappé.

Trois coups de son sceptre a frappé,
On fait silence en l'assemblée.

44 * *Merlin the Bard*, trans. by Christian Souchon

- Bringst du her **Merlins Harfe** *mir,*
(Sie halten goldne Ketten vier),

Bringst du die Harfe hier zur Stätt,
Die hängt zu Haupt an seinem Bett,

- Mar gasez din **telenn Varzhin,**
Dalc'het gant peder sug aour fin,

Mar gasez e delenn din-me,
'Zo staget e penn e wele,

- Hark, if you bring me Merlin's harp,
Fastened with quadruple gold strap,

If you bring this harp, as I said,
That hangs at the head of his bed,

-Je veux **la harpe de Merlin**,
Tenue par quatre liens d'or fin.

Si cette harpe tu ravis,
Pendant au chevet de son lit,

**Mar he distagez, a-neuze,
Az-pezo va merc'h,** marteze! -

*If you can undo the four straps,
My daughter will be yours, perhaps!*

Et l'apportes, **peut-être** alors,
Epouseras-tu Aliénor!-

*Wenn du mir diese Harfe reichst,
Wird meine Tochter dein, **vielleicht**! -*

Az-pezo va merc'h...marteze!

β

48 * *Merlin the Bard*, trans. by Christian Souchon

III The Harp

III La harpe

III Die Harfe

III An Delenn

- Dear grandmother, you are so wise!
I beg you to give me advice!

Dear grandmother, if you love me,
My poor heart is in agony!-

-Bonne grand'mère qui m'aimez,
Pouvez-vous donc me conseiller,

Bonne grand'mère qui m'aimez,
Car mon coeur en deux est brisé!

- Großmutter mein, wenn du mich liebst,
Du mir einen guten Rat gibst!

Wenn du mich liebst, Großmütterlein,
Mein armes Herz ist voller Pein! -

- Va mamm gozh paour, mar am c'harit!
Un ali din-me a rofoc'h!

Va mamm gozh paour, mar am c'harit,
Rag va c'halonig 'zo rannet!-

50 * *Merlin the Bard*, trans. by Christian Souchon

-Ah, si vous m'eussiez écouté,
Votre cœur ne serait brisé...

Mon petit fils, ne pleurez pas,
La harpe on la détachera

- Mar ho-pije ouzhin sentet,
Ho kalon ne vije rannet...

Va mabig paour, na ouelit ket,
An delenn a vo distaget!

*-Hätt'st du mir nur gehorchet fein,
Dein Herz wäre jetzt frei von Pein...*

*Doch weine nicht mehr, Enkel mein,
Entkettet soll die Harfe sein!*

**-Why didn't you want to obey,
Your heart were not in agony...**

**My dear grandson, be comforted,
The golden bonds will be severed!**

Wische vom Auge dir die Zähr,
*Nimm diesen **goldnen Hammer** her!*
So stark man auch ihn schwingen mag,
Kein Schall ertönt von seinem Schlag. -

Na ouelit ket, va mabig paour,
Setu amañ ur morzhol aour.

N'eus tra ebed hag a drouzfe
Dindan taolioù ar morzhol-se. -

Don't cry, grandson, I know better,
Here is for you a gold hammer.

No sound is heard, whatsoever
When you're hitting with this hammer. -

Non, non, ne pleurez pas encor,
Voici pour vous un **marteau d'or**.

Jamais rien ne résonnera
Sous les coups de ce marteau-là.

Merlin the Bard, trans. by Christian Souchon * 53

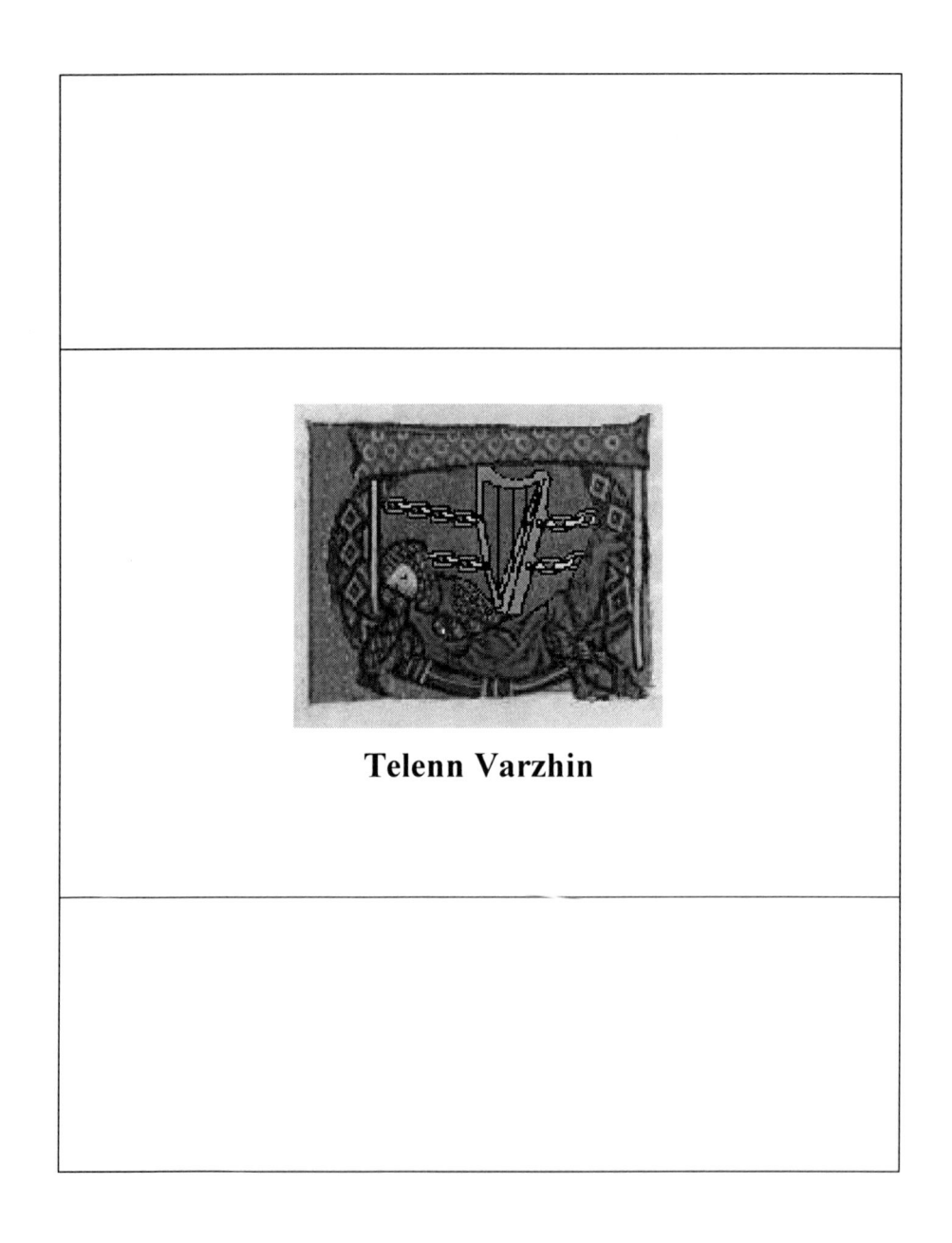

Telenn Varzhin

IV Ar Walenn

IV The Ring

IV L'anneau

IV Der Ring

- Eurvad ha joa 'barzh an ti-mañ!
Setu me digouet adarre!

Setu me deuet adarre
Ha telenn Varzhin ganin-me! -

*- Hail to you King, long shall you reign!
To your house I have come again!*

*To your house I'm coming in
And I bring the harp of Merlin! -*

-Bonheur et joie en ce palais!
Je suis de retour, regardez!

Voilà que vers vous je reviens
Avec la harpe de Merlin.-

*- Diesem Hause Heil und Glück!
Ich komme wiederum zurück!*

*Zurückgekommen seht ihr mich,
Und Merlins Harfe bringe ich! –*

Merlin the Bard, trans. by Christian Souchon

Mar gasez e vizou din-me...

The *son of the King **who had heard**,*
Murmured to his father a word.

The King, silent, nodded his head,
Then turned to the young man and said:

Le fils du Roi, voyant cela,
Vint vers son père et chuchota.

Le Roi quand il l'eut entendu,
A ce jeune homme a répondu:

*Sobald **des Königs Sohn** das hört,*
Spricht er zu seinem Vater verstört.

Den Sohn hörte der König an,
Zu dem jungen Mann sprach er dann:

Mab ar roue **'dal m'e glevas**,
Ouzh ar roué a c'hourgomzas.

Ar roué pa 'neus e glevet,
D'an den yaouank e-neus laret:

-Merlin porte une bague au doigt.
Cette bague, apporte-la-moi.

Apporte-moi cet anneau d'or,
Je te donnerai Aliénor.-

- *Wenn du ihm noch den Ring entwandt*
Den er trägt an der rechten Hand,

Bringst du noch den Ring Merlins mir,
Meine Tochter gebe ich dir! –

- Mar gasez din-me e vizoù
A zo gantañ 'n e zorn dehoù,

Mar gasez e vizoù din-me,
T'az-po va merc'h diganin-me! -

- *If you bring me the finger band*
That Merlin wears on his right hand,

If you bring his ring to my house,
Then, my dear daughter shall be yours! -

Merlin the Bard, trans. by Christian Souchon

Heim kommt er, Tränen im Gesicht,
Und zu seiner Großmutter spricht:

-Was der König hatt' festgesetzt,
Hat er gebrochen und verletzt! -

Hag eñ da vont o ouelañ druz,
Da gaout e vamm-gozh diouzh-tu.

-An aotrou Roue e-noa laret,
Ha padal e-neus dislaret! -

He left and went, crying sourly,
Straight away to his dear granny.

-The King made a promise to me,
On which he goes back presently! -

Il revient alors en pleurant,
Aussitôt vers sa mère-grand.

-Le seigneur Roi avait promis,
Mais maintenant il s'est dédit.

*- Hab keine Bange, mein Kind, schweig!
Nimm an von mir hier diesen **Zweig**,*

κ

**- Na chif ket evit kement-se!
Tap ar** skoultrig **a zo aze,**

κ

***- Do not worry and do not fear!
Take the tiny** twig **that is here,***

κ

-Ne vous souciez pas de cela.
Prenez un **rameau** qui est là,

κ

A zo aze 'barzh va arc'hig
Hag ennañ daouzeg deliennig.

Hag ennañ daouzeg delienn grenn
Hag I ken kaer hag aour melen:

*That is here in this small casket
And with this twig are twelve leaflets.*

*Twelve little leaves **shaped like almonds**
That are precious as diamonds.*

Qui est là dans cette cassette
Où je garde douze feuillettes.

Douze feuilles, exactement,
Plus précieuses que des diamants.

*Den Zweig hier aus dem kleinen Schrein,
Und daran sind zwölf Blättlein fein.*

***Zwölf Blätter** von so lichtem Glanz,
Als wären sie von Golde ganz:*

**Hag on bet seizh noz d'e gerc'hat,
Seizh vloaz tremenet e seizh koad .**

γηγηγηγηγηγη

**I've been seven nights on errands,
Through seven years, in seven lands.**

γηγηγηγηγηγη

*J'ai mis sept nuits à les chercher,
Il y a sept ans, dans sept forêts.*

γηγηγηγηγηγη

*Die sucht ich in sieben Wäldern,
Vor sieben Jahren, in sieben Nächten.*

γηγηγηγηγηγη

Merlin the Bard, trans. by Christian Souchon

ψ

Le coq a minuit chantera,
Le poulain roux vous attendra.

Ne vous effrayez surtout pas;
Merlin le Barde dormira.

ψ

Pa gano 'r c'hog da hanter-noz,
Ho marc'h ruz 'vo oc'h ho kortoz.

N'eus ket da gaoud aon ebed
Marzhin barzh ne zihuno ket. -

When the cock at midnight *will sing,*
Your red horse will be attending.

And see that you are not afraid
Merlin won't awake from his bed. -

ψ

Um Mitternacht, wenn der Hahn kräht,
Dein rotes Ross gezäumt steht.

Sei nur ohne Furcht diese Nacht
Merlin der Barde nicht erwacht. -

ψ

Merlin the Bard, trans. by Christian Souchon * 65

Comme à minuit le coq chantait,
Le poulain rouge bondissait.

Le coq n'avait pas achevé
Que l'anneau était enlevé.

---

*Um Mitternacht, als kräht' der Hahn,
Durcheilt' das rote Ross die Bahn.*

*Nicht ausgekräht hatte der Hahn,
Schon war's um Merlins Ring getan.*

**Pa 'gane 'r c'hog 'kreiz an noz du,
'Lamme war an hent ar marc'h du;**

**N'e-noa ket ar c'hog peurganet
Pa oa bizoù Marzhin lammet.**

**As the cock in the dark night sang,
The red foal, a flash alike, sprang.**

**The cock had not yet ceased to sing
When he had taken Merlin's ring.**

υ

Pa oa bizou Marzhin lammet

1

V Die letzte Probe

V Ar Goulenn Diwezhañ

V The Last Demand

V L'ultime demande

Als der nächste Morgen begann,
Trat er an den König heran.

Als ihn der König plötzlich sah,
Verwundert vor ihm stand er da,

Antronoz pa darzhas an deiz,
Oa aet da gaout ar Roue.

Hag ar Roue 'dal m'e welas
Chomas en e sav, souezhet braz,

The next day, at the gloaming hour,
He waited in the King's parlour.

And, on perceiving him, the King
Was awestruck and he said nothing,

Au point du jour le lendemain
Il était chez le souverain.

Et celui-ci lorsqu'il le vit
Demeura debout, interdit,

70 * *Merlin the Bard*, trans. by Christian Souchon

Souezhet hag an holl eveltañ;
- Setu gonet e wreg gantañ ! -

NNNNNN

Awestruck, as all who were present;
- He shall have his wife, this moment! -

NNNNNN

Ainsi que tous les courtisans;
- Il peut se marier à présent!-

NNNNNN

Ganz starr wie auch dort jedermann;
- Nun seht, dass er sein Weib gewann!

NNNNNN

Merlin the Bard, trans. by Christian Souchon * 71

Hag eñ mont un tammig er-maez,
E vab d'e heul hag an oac'h kaezh.

Hag I da zont gantañ en-dro
Unan a-gleiz, unan a-zehoù.

The King left for a while the board,
With his son and the bearded lord.

And with him they came back to sight
One to his left, one to his right.

Et le Roi un moment sortit,
Son fils et le vieil homme aussi.

Et l'instant du retour fut proche
L'un à sa droite et l'autre à gauche.

Den Sohn und jenen alten Mann,
Der König nahm bei Seit' sodann.

Mit ihnen alsbald zurück kam,
Rechts einen, links den andern nahm.

- What they say here, my son, is true:
Today your wife is due to you!

Yet, there is still one thing I want;
And that will be my last demand.

-Ce qu'ils ont dit, mon fils, est vrai:
Ma fille, tu peux l'épouser.

Mais j'exige une chose encore;
Ce sera ton dernier effort.

- Was du gehört ist wahr, mein Sohn:
Jetzt gehören dir Weib und Lohn.

Doch eines noch gewähre mir,
Als Letztes, das verspreche ich dir.

- Gwir eo, va mab, pezh 'teus klevet:
Da c'hwreg hirio 'teus gonezet !

Hogen un dra c'hoazh a c'houlan;
Hemañ a vo an diwezhañ.

Merlin the Bard, trans. by Christian Souchon * 73

You succeed in doing that thing:
You'll be son-in-law to the King!

You'll have my daughter as your share;
And the realm of Leon, this I swear!

Et si tu peux faire cela,
Tu seras le gendre du Roi.

Elle sera, ma fille, à toi
Et tout le Léon de surcroît:

Wenn du's vollführest, dann mit Recht
Bist du des Königs Eidam, echt!

Außer meiner Tochter, als Lohn
Wird dein sein der Gau Leon!

Mar deu'z da ober kement-se:
'Vezi gwir mab-kaer ar Roue!

Te az-po va merc'h hag ouzhpenn;
An holl vro Leon, dre va ouenn!

Amène ici Merlin le Barde
Pour célébrer ton mariage.

Σ

Merlin, den Barden herbei bring,
Dass er segne die Ehering! -

Σ

Digas Marzhin Barzh **tre em lez**
Da veuliñ ar briedelezh!. –

Σ

*You shall bring Merlin **to this court***
***That he may marry you, in short.** -*

Σ

Merlin the Bard, trans. by Christian Souchon

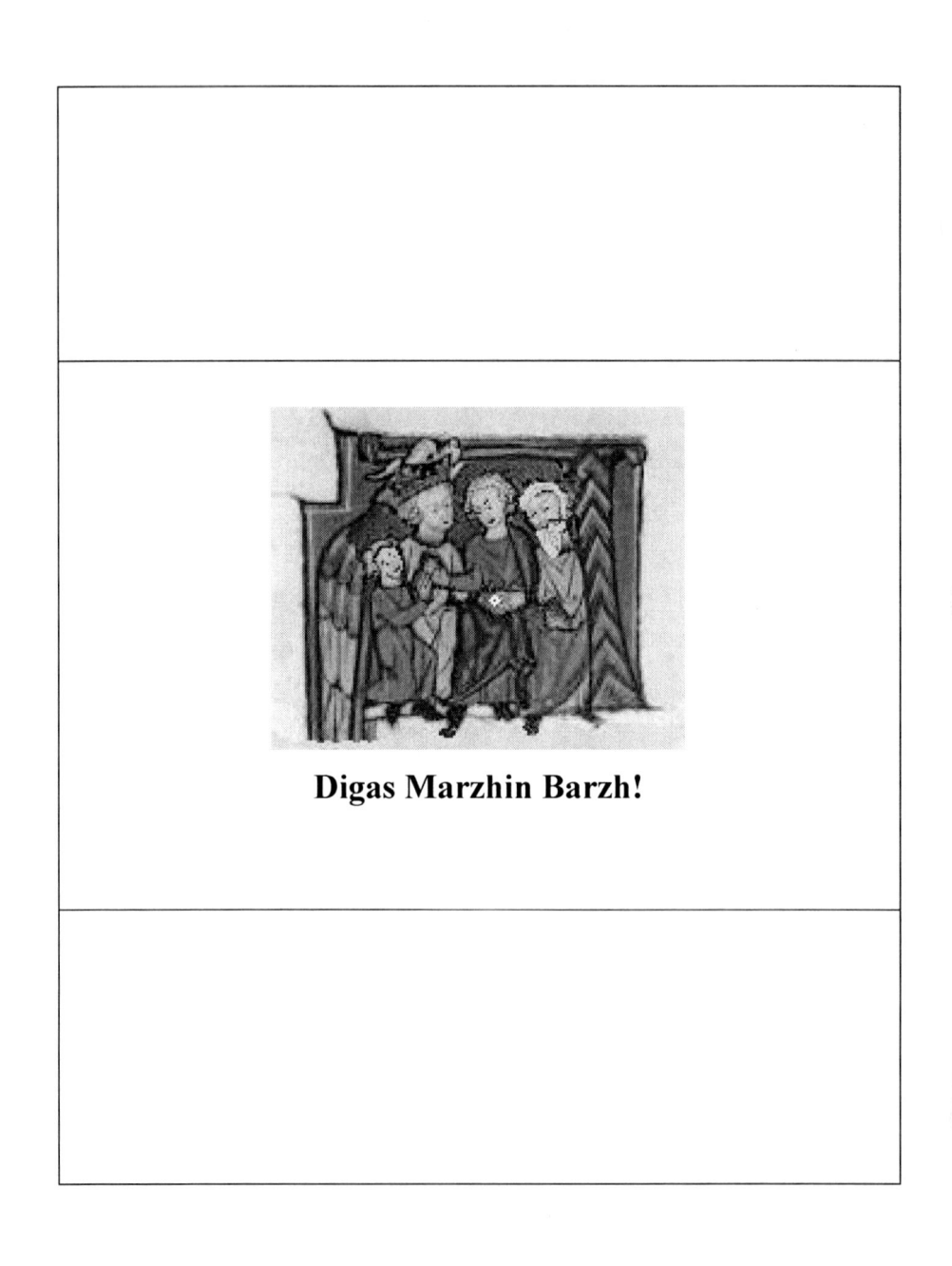

Digas Marzhin Barzh!

VI Merlins Raub

VI Pakadeg Varzhin

VI Merlin's capture

VI La capture de Merlin

*- Barde Merlin, aus welchem Land
Kommst du mit zerfetztem Gewand?*

**- Marzhin Barzh a belec'h e teuez
Toullet da zilhad treuz-didreuz?**

*- O Bard Merlin, where have you been
With rags and tatters on your skin?*

Barde Merlin, d'où viens-tu donc
Ainsi revêtu de haillons?

Ω

Da belec'h ez-te diskabell ha diarc'hen?

Ω

Merlin the Bard, trans. by Christian Souchon * 79

Da belec'h ez-te evel-henn,
Diskabell-kaer ha diarc'hen?

Da belec'h ez-te evel-henn,
Marzhin gozh, gant da bazh kelenn?

Wither do you go bareheaded?
Wither do you go barefooted?

Where are you going? Are you sick,
Old Merlin, with your holly stick? -

Où donc veux-tu, dis-nous, aller
Ainsi, tête nue, sans souliers.

Où veux-tu donc aller, dis-nous,
Vieux Merlin au bâton de houx?

In welches Land wanderst du hin
Barfuss, barhaupt, Barde Merlin?

Sag doch wohin, in welches Land,
Mit dem Stechpalmstab in der Hand? -

- I am here looking for my harp,
In this world, comfort of my heart.

Looking for my harp and my ring.
Because I lost both of those things. -

-Je vais chercher ma harpe encor
Ici-bas, mon seul réconfort.

Chercher ma harpe et mon anneau.
L'un et l'autre me font défaut.

- Die Harfe such' ich hier und dort,
Mein Herzenstrost, er ist mir fort.

Ich suche die Harfe und den Ring,
Der mir gleichfalls verloren ging. -

- Mond a ran da glask va zelenn,
Frealz va c'halon er bed-mañ.

Va zelenn koulz ha va bizoù.
Pe re am-eus kollet o-daou. -

Merlin the Bard, trans. by Christian Souchon * 81

- Merlin, Merlin, cheer up, cheer up,
I trust you'll find again your harp!

Of your harp again you'll get hold
As well as of your ring of gold.

-Merlin, Merlin ne pleurez plus,
Votre harpe n'est point perdue.

Elle n'est pas perdue encor
Non plus que votre bague d'or.

- Sei doch getrost, Merlin, Merlin,
Denn deine Harfe ist nicht dahin!

Die Harfe wieder findest du
Und den goldnen Ring auch dazu.

- Marzhin, Marzhin na chifit ket!
Ho telenn ned eo ket kollet!

Ho telenn ned eo ket kollet
Nag ho pizoù aour kennnebeud.

Merlin the Bard, trans. by Christian Souchon

Entrez Merlin, entrez ici
Venez dîner chez votre amie!

In mein Haus, Merlin, tritt herein!
Du sollst mein Gast zu Tische sein! -

Deut tre en ti, deut tre, Marzhin!
Da zebri un tamm boued ganin! -

Enter my house, enter, Merlin!
Eat with me something, please, come in! -

Merlin the Bard, trans. by Christian Souchon * 83

-Non, je poursuivrai mon chemin
Et ne mangerai jamais rien.

Jamais rien je ne mangerai;
Il me faut d'abord les trouver! -

- Weder Ruh' noch Rast will ich hier,
Und gönne keine Labung mir.

Keinen Bissen nehme ich ein,
Als bis ich fand die Harfe mein! -

- **Mont gant va hent ne zalein,**
Na tamm boued ebed e zebrin.

Ne zbrin tamm boued war ar bed;
Ken n'am-bo va zelenn kavet! -

- *To go farther I won't delay,*
I don't want to eat on my way.

And I'll take no food anywhere;
As long as my harp is not there! -

84 * *Merlin the Bard*, trans. by Christian Souchon

*- Merlin, Merlin, hör auf mein Wort,
Die Harfe findest du sofort. -*
……………………
*Sie fleht' ihn an und bat und bat,
Und bat bis in ihr Haus er trat.*

**- Marzhin, Marzhin, ouzhin sentit,
Ho telenn a vezo kavet. -**
……………………….
**Pegen 'ma bet pedet ganti,
Kement maz eo deut tre an ti.**

**- Merlin, Merlin, listen to me,
Found again your gold harp will be. -**
……………………….
**And she did lure him more and more,
Till at last he did pass her door.**

-Merlin, Merlin, écoutez donc,
La harpe nous la trouverons.-
……………………….
Et tant elle pria Merlin
Qu'il entra chez elle à la fin.

Merlin the Bard, trans. by Christian Souchon

ʗ ʗ ʗ

Deut tre en ti, Marzhin!

ʗ ʗ ʗ

86 * *Merlin the Bard*, trans. by Christian Souchon

Ken na zigouezhas d'abardaez,
Mab bihan ar wrac'h kozh hag eñ tre.

Hag eñ da skrijal, spontet bras
En-dro d'an oaled pa zellas,

And, later on in the evening,
The old woman's grandson went in.

He shuddered and shivered from dread
And looked at the hearth, all afraid,

Son petit fils, quand vint la nuit,
Est venu frapper à son huis.

Il entre et se met à trembler
En regardant vers le foyer,

Als nun der Abend dunkelt' schon,
Kam heim der Alten Enkelsohn.

Und vor Verwunderung erbebt'
Wie er am Herd Merlin erblickt',

Merlin the Bard, trans. by Christian Souchon * 87

O welled Marzhin Barzh kluchet,
E benn war e gallon stouet.

Oc'h e welled war an oaled,
N'ouie doare pelec'h tec'hed.

Seeing there crouching the Bard Merlin,
His head on his bosom hanging.

Seeing him crouching on the hearthstone,
He wondered where he could have gone.

En y voyant assis Merlin
La tête inclinée sur son sein.

Voyant Merlin près du foyer
Il s'apprêtait à s'en aller.

Wie er am Herd Merlin erkannt,
Das Haupt gestützt auf seine Hand.

Wie er am Herd erblickt' Merlin,
Wusste er nicht, wo er hin sollt' fliehen

> *- Be silent, child, don't be anxious;*
> *He sleeps fast and is not conscious;*
>
> *Three red apples **he has eaten***
> ***I baked for him in my oven,***

> -Silence enfant, n'ayez pas peur;
> Il est plongé dans la torpeur,
>
> Grâce à **trois pommes écarlates**
> Cuites dans la cendre de l'âtre,

> *- Schweig, Kind, erschrick nicht so sehr!*
> *Er schlummert tief, sein Schlaf ist schwer!*
>
> ***Drei rot' Äpfel** hat er verzehrt*
> *Die briet ich für ihn auf dem Herd,*

> **- Tavit, va mab, na spontit ket;**
> **Gant ar morgousk emañ dalc'het;**
>
> **Lonket e-neus** tri aval ruz
> **'M'eus poazhet dezhañ el ludu,**

Merlin the Bard, trans. by Christian Souchon * 89

4 4 4

Tavit! Na spontit ket!

4 4 4

Que je lui donnai à manger:
Il nous suivra donc désormais.-

*Da er meine Äpfel verzehrt,
Folgt er wohin man nur begehrt! -*

**Lonket e-neus va avaloù
Setu eñ d'hon heul e pep bro! -**

***He has eaten my apples, and
He'll follow us to any land. -***

4 4 4

Setu eñ d'hon heul e bep bro...

4 4 4

VII Der Herold

VII An Embanner

VII The Town Crier

VII Le crieur de ville

Im Bett lag noch die Königin
Und fragte ihre Dienerin:

- Was geht in dieser Stadt denn vor?
Was für ein Lärm mir dringt zum Ohr?

Ar Rouanez a c'houlenne,
Gant he loufren eus he gwele:

- Petra c'hoari gant ar ger-mañ?
Pe safar a glevan amañ?

The Queen has asked her chambermaid,
And she was still lying in bed:

- What is the matter with our town?
Why all this noise, what's going on?

La reine était encore au lit
Quand à sa servante elle dit:

-Que se passe-t-il donc en ville?
Et ce vacarme quel est-il ?

o

What wakes me up in the morning,
The four posts of my bed shaking?

Who is in the yard marching on?
And whom for is this ovation? -

o

Dass ich heute so früh erwacht,
Und dass mein Bett erschüttert kracht?

Wer geht denn in dem Hofe vor?
Und warum jauchzt die Meng' empor? -

Merlin the Bard, trans. by Christian Souchon * 95

**Paz on dihunet kén 'bred-se,
Kén a gren postoù va gwele?**

**Petra zo digouet barzh ar porzh?
Gant an du eno 'youc'hal forzh? -**

o

Qui me réveille aujourd'hui,
Ebranlant les montants du lit?

Qui dans la cour acclame-t-on?
Pourquoi toutes ces ovations?

o

> *- All townsmen have gathered and cheer*
> *For **Merlin** **who is drawing near**,*
>
> ***Led by a hoary** old woman,*
> *And your **son-in-law follows them.** -*

> - La ville en liesse est rassemblée
> Pour **Merlin** qui vient au palais,
>
> Et une **femme** aux cheveux blancs,
> Et **votre gendre** les suivant.

> - Sie feiert ein Fest für den Gast,
> **Merlin,** der kommt in den Palast,
>
> Eine **Greisin** in weißem Kleid,
> Und **euer Eidam** im Geleit. -

> - **C'hoari gaer zo er ger-mañ**
> **Gant** Marzhin **o tont en ti-mañ,**
>
> **Ur** wrec'hig kozh, **gwenn-kann razañ**
> **Hag ho** mab-kaer **ivez gantañ**. -

Merlin the Bard, trans. by Christian Souchon * 97

Marzhin o tont en ti-mañ

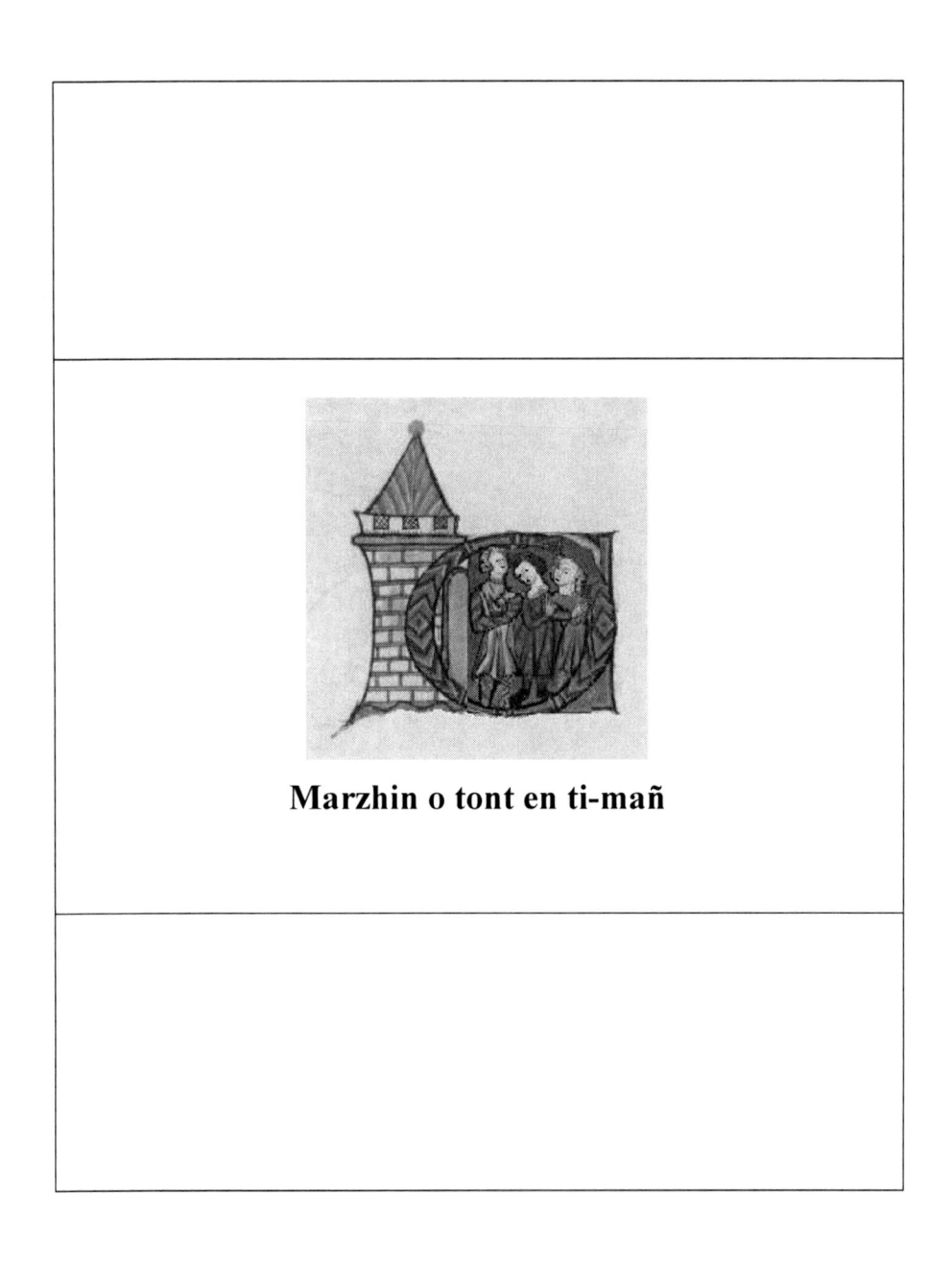

Le Roi aussitôt a bondi,
Et, pour aller voir, il sortit.

Lève-toi, lève-toi crieur,
Sors de ton lit et tout à l'heure!

*Der König hört' s und unverweilt,
Zum Fenster, zu sehen, er eilt.*

*- Auf, guter Herold, mein Gesell,
Vom Lager erhebe dich schnell!*

**Ar Roue e-neus he c'hlevet.
Hag eñ er-maez prim da weled.**

**- Sav alese, embanner mat,
Sav deus da wele ha timat!**

The King was still in night costume.
Quick he sprang up and left the room.

- Stand up, stand up, my town-crier,
Get off your bed, get your attire!

Merlin the Bard, trans. by Christian Souchon * 99

Verkünd im Land und sage an:
Komme zur Hochzeit jedermann!

Ha kae da gemenn dre ar vro:
Dont d'an eured néb a garo!

Proclaim throughout the whole land:
Come to the wedding all who want!

Va publier dans tout l'état
Que vienne aux noces qui voudra,

Dont d'an eured néb a garo!

Dont d'an eured merc'h ar Roue,
A vo dimeet a-benn eiz deiz!

Dont d'an eured, tudjentiled,
Kement zo e Breizh hed-da-hed,

*In a week will be the wedding,
Of the dear daughter of the King!*

*Come to the wedding, noblemen
Of Brittany from end to end,*

Aux noces de ma fille aimée
Qui dans huit jours sera mariée!

Que prennent part aux réjouissances
Les Bretons de haute naissance,

*Komme zum Fest, des Königs Kind
Macht Hochzeit, eh' die Woche verrinnt!*

*Bretagne's Edle lad mir all
Aus jedem Gau zum Hochzeitsmahl,*

Tudjentiled ha barnerien,
Tud a lliz ha marc'heien,

A da gentañ ar Gonted-vor...
An dud pinvidig, an dud paour!

All noblemen and men of laws,
Clergymen and knights, my fellows,

Furthermore every mighty count...
The wealthy and the indigent!

Noblesse de robe et d'épée,
Ecclésiastiques, chevaliers,

Avant tout les comtes puissants...
Sans oublier les pauvres gens!

Edle und Richter weit und breit,
Ritterschaft sowie Geistlichkeit,

Und die großen Grafen im Reich...
Ob reich, ob arm, alle zugleich!

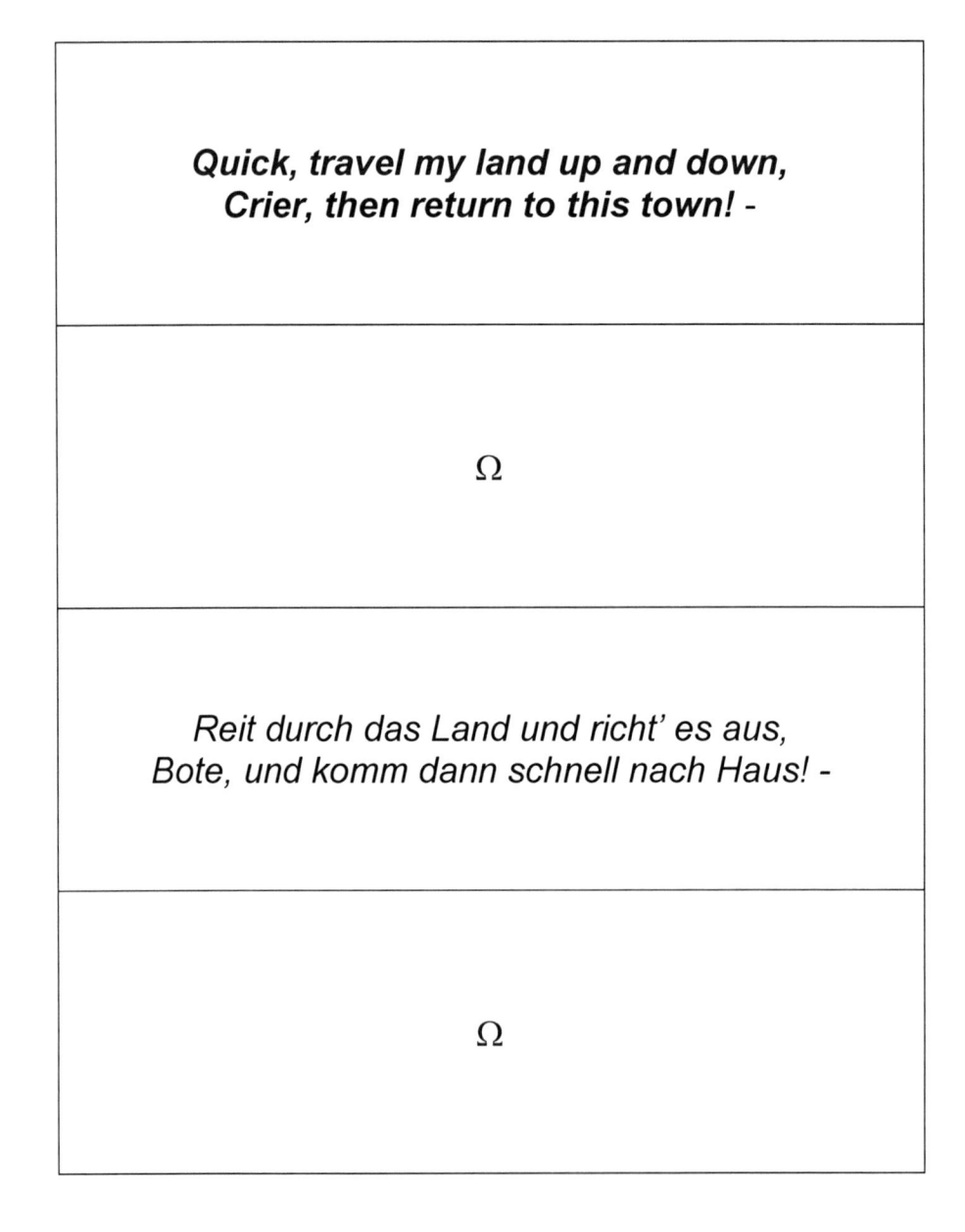

Quick, travel my land up and down,
Crier, then return to this town! -

Ω

Reit durch das Land und richt' es aus,
Bote, und komm dann schnell nach Haus! -

Ω

104 * *Merlin the Bard*, trans. by Christian Souchon

Ω

Va vite et par tout le pays,
Messager, puis reviens ici!-

Ω

**Kae, buan ha skañv dre ar vro,
Kannadour, ha deus skañv en-dro! -**

VIII La noce

VIII Die Hochzeit

VIII An Eured

VIII The Wedding

-Ecoutez tous, tous écoutez
Si des oreilles vous avez!

Ecoutez tous et apprenez
Ce que le Roi vient d'ordonner:

- Sind Ohren zum Hören gemacht ,
So schweiget still und habet Acht!

Habe Acht und hör jedermann:
Was mir befohlen, künd ich an!

- Selaouit holl, O, selaouit,
Ma ho-peus diouskouarn da gleved !

Selaouit holl hag e klevoc'h
Ar pezh a zo gourc'hemennet.:

- Be silent everybody here,
Whoever had two ears to hear!

Oyez, listen and you will know
That our King has passed a new law:

108 * *Merlin the Bard*, trans. by Christian Souchon

Don't dan eured merc'h ar Roué

Der Königstochter Hochzeit, wisst!
Von heute in acht Tagen ist.

Nun zur Hochzeit finde sich ein
Wer immer hier wohnt, groß und klein!

Dont d'an eured merc'h ar Roue,
Neb a garo, a-benn eiz deiz,

Dont d'an eured, bras ha bihan!
Kement a zo er c'hanton-mañ!

To the wedding of His daughter :
In eight days may come whoever

Lives and is dwelling in this shire!
Come to the marriage all who care!

Noces de la fille du Roi:
Dans huit jours; vienne qui voudra!

A la noce, petits et grands
Qui demeurez en ce canton!

110 * *Merlin the Bard*, trans. by Christian Souchon

Dont d'an eured, tudjentiled,
Kement zo e Breizh hed-da-hed,

Tudjentiled ha barnerien,
Tud an Iliz ha marc'heien,

Come to the wedding, noblemen,
From Brittany, from end to end,

All noblemen and men of laws,
Clergymen and all King's fellows,

A la noce, nobles Bretons,
Venus de tous les horizons,

Nobles de robe ou bien d'épée,
Gens d'église ou bien chevaliers,

Edle Herren lade ich all,
Aus der Bretagne zum Hochzeitsmahl!

Edle und Richter weit und breit,
Die Ritter und die Geistlichkeit,

Merlin the Bard, trans. by Christian Souchon

Ha da gentañ ar Gonted-vor,
Ar re binvidig, ar re baour!

Ha re binvidig ha re baour
Ne vanko nag arc'hant nag aour,

Furthermore every mighty count,
The wealthy and the indigent!

Wealthy and indigent alike
Of gold and of silver won't lack,

A la noces, comtes puissants,
Et vous aussi, les pauvres gens!

Oui, car même les pauvres gens
Ne manqueront d'or ni d'argent,

Und die großen Grafen im Reich,
Und Arme und Reiche zugleich!

Den Reichen und den Armen wohl
Nicht Gold und Silber mangeln soll!

112 * *Merlin the Bard*, trans. by Christian Souchon

Nor won't they lack of meat and feed,
Nor won't they lack of wine or mead!

Nor of wooden stools to sit on
Nor of nimble lads to serve them

Ni de venaisons, ni de pain
Ni d'hydromel, ni de bon vin,

Ni d'escabelles pour s'asseoir
Ni de hanaps, ni de tranchoirs.

Nicht wird's fehlen an reicher Kost,
Wein gibt es zum Trinken, und Most!

Zum Sitzen genug Schemel sind
Und Knechte warten auf geschwind.

Ne vanko na kig na bara,
Na gwin na dourvel da evañ!

Na skabelloù da azezañ
Na paotred skañv d'ho servijañ.

Merlin the Bard, trans. by Christian Souchon * 113

*Two hundred pigs shall be slaughtered
And two hundred steers, well fattened,*

*Two hundred heifers, hundred roes
From all the forests, all the woods.*

Il sera tué deux cents pourceaux
Et deux cents gras jeunes taureaux,

Deux cents génisses, cent chevreuils
De chaque forêt, chaque breuil

*Zweihundert Schweine schlachten wir
Und auch zweihundert fette Stier',*

*Zweihundert Küh', der Ställe Zier,
Hundert Reh' aus jedem Revier.*

**Daou c'hant penn-moc'h a vo lazhet
Ha daou c'hant kole bet lardet,**

**Daou c'hant ounner, ha kant karo
A gement koad a zo er vro.**

Merlin the Bard, trans. by Christian Souchon

Et deux cents bœufs, cent noirs, cent blancs:
De leurs peaux on fera présent.

On donnera aux gens d'église
Cent tuniques de laine grise.

*Zweihundert Ochsen, schwarz und weiß:
Die Häute teilt man gleicherweise.*

*Hundert weiße Wollröcke dann.
Den Priestern bietet man sie an.*

**Daou c'hant ejen, kant du, kant gwenn
Vo roet o c'hrec'hin dre rann grenn.**

**Kant sae a vo, hag a c'hloan gwenn,
A vo roet d'ar veleien.**

**Hundred white, hundred black oxen:
Their hides will be distributed.**

**Of white wool hundred robes of feast
That will be given to the priests.**

αζτψυιοθσδφ

Kant karo a gement koad a zo er vro

αζτψυιοθσδφ

Hundert Halsketten von Gold klar,
Zum Schmucke für die Ritterschar,

Ein Saal von blauen Mänteln voll:
Jeder ein Fräulein schmücken soll.

Ha karkanioù aour a vo kant,
Vo roet d'ar varc'heien goant;

Mantili glaz vo leizh ur zal,
Da reiñ d'ar merc'hed da vragal.

And hundred chains with links of gold,
****That will be given to the lords***

****And blue gowns, a room is full with,***
****To be given to the ladies.***

Et d'or seront les cent colliers
Qu'on offrira aux chevaliers.

De manteaux bleus plein une salle
Qu'on offrira aux demoiselles.

Achthundert Beingewänder neu
Verteilet man den Armen treu.

Auch hundert Pfeifer sitzen dort,
Und Tag und Nacht spielen sie fort;

Hag eiz kant bragoù nevez-c'hraet
Da reiñ d'an dud paour da wisked.

Ha kant soner war o zorchenn
O son noz-deiz war an dachenn;

And eight hundred breeches or more
To clothe the indigent and poor.

And hundred musicians that will sing
And play morning, noon and evening;

Et huit cents braies neuves vraiment
Pour revêtir les pauvres gens.

Et cent sonneurs et leurs coussins
Jouant du soir jusqu'au matin;

Ha Marzhin Barzh e kreiz al lez,
O veuliñ ar briedelezh!

C'hoari awalc'h a vo eno,
Kemend-all birviken ne vo! -

And in the yard, the Bard Merlin,
Who has come to bless the wedding!

In brief, a feast like none before
And there will be such feast no more! -

Et dans la cour, Merlin le Barde,
Qui bénira le mariage.

Enfin, la fête sera telle
Qu'il n'en fut jamais de pareille.-

Und in des Hofes Herrlichkeit
Den Bund Merlin der Barde weiht!

Kurz, eine solche Festlichkeit
Gab's und gibt's noch zu keiner Zeit! -

Merlin the Bard, trans. by Christian Souchon

Ha Marzhin o veuliñ ar briedelezh!

IX Merlin's Disappearance

IX La disparition de Merlin

IX Merlins Verschwinden

IX Marzhin zo Kollet

- Listen, cook, listen, if you please,
Did now the wedding feast cease?

-The wedding is over, indeed
And no wine is left and no feed.

-Dites, cuisinier, je vous prie,
Est-ce que la noce est finie?

-Oui, la noce s'est achevée
Ainsi que la franche lippée.

- Horch, Küchenmeister, sag mir frei,
Ist jetzt das Hochzeitsmahl vorbei?

-Ja wohl, die Hochzeit ist nun aus,
Und aufgezehrt der ganze Schmaus.

- Klevit, keginour, me ho ped,
Hag an eured zo echuet?

-An eured a zo echuet
Hag an holl traou zo peurlipet

αζτψυιοθσδϕ

Fünfzehn Tage währte sie fort
Genug Lärm gab's an diesem Ort!

Alle kehrten heim nah und weit
Mit Königs Abschied und Geleit.

αζτψυιοθσδϕ

It has lasted for a fortnight.
The days we spent were gay and bright.

All are gone, each with some present
And with the King's help and assent.

Quinze jours pleins elle a duré.
Il y eut du plaisir assez.

Tous sont partis avec les dons
Du Roi et sa protection.

αζτψυιοθσδφ

**Pemzeg devezh he-deus padet.
Ha dudi awalc'h a zo bet.**

**Aet int kuit holl gant profoù mad
Gant skoaz ar Roue hag e gimiad.**

αζτψυιοθσδφ

Sein Eidam hat gen Leons Land,
Froh, mit seinem Weib sich gewandt.

Alles freudigen Abschied nahm
Nur der König ist voller Gram;

Hag e vab-kaer da vro Leon,
Gant e bried, drev e galon.

Aet int holl kuit ha laouen naet,
Nemed ar Roue, ned eo ket:

His son-in-law led to Leon,
His wife with great satisfaction.

All are gone mirthful and laughing,
All are happy, except the King;

Et son gendre, pour le Léon,
Avec sa femme, heureux, dit-on.

Ils sont tous partis pleins de joie
Seul le Roi, je crois, ne l'est pas;

E vab-kaer gant e bried da vro Leon

**Marzhin c'hoazh ur wech zo kollet.
N'ouzer doare pelec'h 'mañ aet. –**

*Merlin, again, left him alone.
And nobody knows where he's gone. –*

Merlin, encore, a disparu.
Dieu sait ce qu'il est devenu!-

*Merlin, zum zweiten Mal verschwand,
Den nimmer mehr man wieder fand. –*

Merlin the Bard, trans. by Christian Souchon

Marzhin ur wech c'hoazh zo kollet

Ton Marzhin Barzh

Melody and first verse in the original language

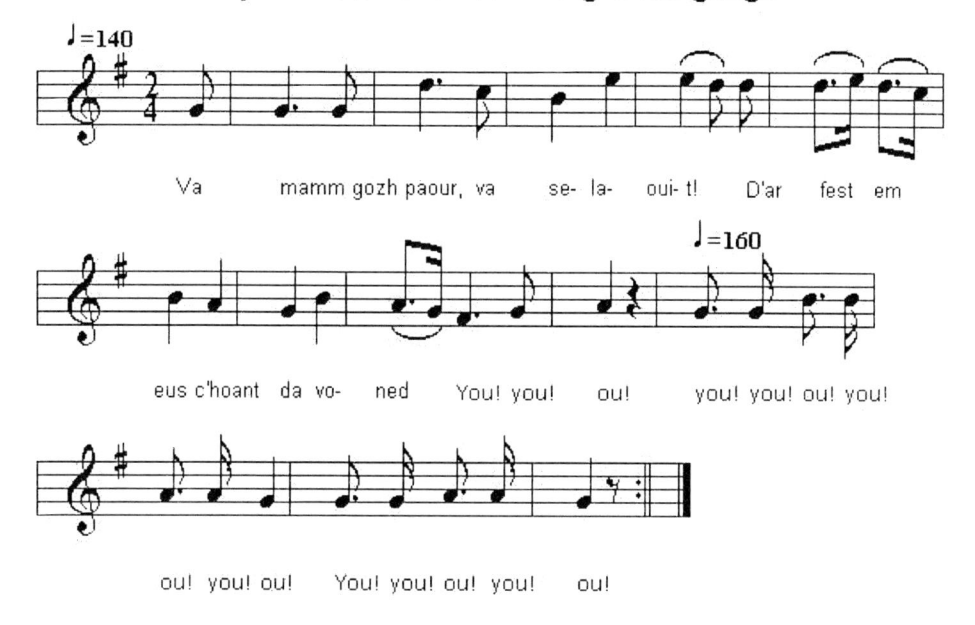

Va mamm gozh paour, va se- la- oui- t! D'ar fest em

eus c'hoant da vo- ned You! you! ou! you! you! ou! you!

ou! you! ou! You! you! ou! you! ou!

Merlin the Bard, trans. by Christian Souchon * 129

To know more about the Barzhaz Breizh and La Villemarqué, visit Christian Souchon's site:

http://chrsouchon.free.fr/homepage.htm